Das Ultimative *Giraffen* Buch für Kinder

101 erstaunliche Fakten über Giraffen
PLUS Quiz und Wortsuche Rätsel

Jenny Kellett
Übersetzung Philipp Goldmann

BELLANOVA

MELBOURNE · SOFIA · BERLIN

Copyright © 2022 by Jenny Kellett
Das Ultimative Giraffen-Buch für Kinder

www.bellanovabooks.com

All rights reserved. No part of this book may be reproduced in any form by any electronic or mechanical means including photocopying, recording, or information storage and retrieval without permission in writing from the author.
Visit us on: bellanovabooks.com
PAPERBACK
ISBN: 978-619-7695-12-0
Imprint: Bellanova Books

Inhalt

Giraffen-Fakten 6
Giraffen-Quiz 70
Quiz Antworten 74
Wortsuche-Puzzle 76
Quellen 78

DAS ULTIMATIVE GIRAFFEN-BUCH FÜR KINDER

Einleitung

Es ist schwer, Giraffen nicht zu lieben! Sie sind sonderbar, niedlich und lustig. Aber wie viel weißt du wirklich über deinen großen Lieblingsfreund?

In diesem Buch erfährst du über 100 erstaunliche neue Dinge über Giraffen - von ihren Essgewohnheiten bis zu ihrer ungewöhnlichen Art der Geburt. Und dann hast du die Chance, dein neu erworbenes Wissen in einem Quiz zu testen! Du wirst in kürzester Zeit zum Giraffenexperten werden.

Bist du bereit? *Los geht's!*

Giraffen Fakten

Giraffen sind einige der sonderbarsten Kreaturen auf diesem Planeten!
Lass uns einen Blick auf einige der erstaunlichsten Fakten über Giraffen werfen. Wie viele kennst du schon?!

Giraffen sind die größten Säugetiere der Erde. Allein ihre Beine sind etwa 183 cm hoch!

...

Ausgewachsene Giraffen sind zwischen 4,3 und 5,7 Meter groß. Männchen sind größer und schwerer als die Weibchen.

DAS ULTIMATIVE GIRAFFEN-BUCH FÜR KINDER

Diese langen Beine werden gut genutzt! Obwohl sie es nicht mit einem Geparden aufnehmen können, sind Giraffen imstande auf kurzen Strecken bis zu 55 km/h zu laufen.

...

Giraffen trinken nur alle paar Tage. Das meiste Wasser kommt aus der Nahrung, die sie essen.

...

Giraffen sind berühmt für ihre langen Hälse, aber sie sind trotzdem nicht lang genug um den Boden zu erreichen! Beim Trinken müssen Giraffen ihre Beine seitlich spreizen, oder sich hinknien, um tief genug zu reichen.

Eine neugierige Giraffe in Südafrika.

Trotz so langer Hälse haben Giraffen die gleiche Anzahl von Wirbeln wie der Mensch - sieben. Allerdings kann jeder Wirbel bis zu 25,4 cm breit sein.

Der Hals einer Giraffe kann bis zu 2,4 Meter lang sein. Sie besitzen einen relativ kurzen Körper, sodass der Großteil ihrer Höhe von ihren Beinen und ihrem Hals kommt.

...

Giraffen verbringen die meiste Zeit ihres Lebens aufrecht stehend. Sie gebären sogar im Stehen!

...

Baby-Giraffen werden "Kälber" genannt.

Eine Giraffe in ihrer natürlichen Umgebung — in Afrika, südlich der Sahara (auch Subsahara Afrika genannt).

Weibliche Giraffen werden 'Kühe' genannt, während man männliche Giraffen 'Bullen' nennt.

• • •

Wenn eine Giraffe gebärt, fällt ihr Kalb direkt auf den Boden. Der Sturz kann aus einer Höhe von bis zu 1,5 Metern erfolgen!

• • •

Giraffen sind die drittschwersten Landtiere der Welt, nach Elefanten und Nashörnern.

Wenn Kälber geboren werden, sind sie bereits größer als die meisten Menschen - etwa 1,8 Meter.

• • •

Trotz eines rauen Starts in ihr Leben, beginnen Giraffenkälber etwa 1 Stunde nach der Geburt an zu laufen.

• • •

Viele Giraffenkälber werden, wenn sie sehr jung sind, von Löwen, Leoparden, Hyänen und afrikanischen Wildhunden gefressen.

Keine Giraffe hat das gleiche Muster wie eine andere Giraffe! Allerdings können die Kälber einige Mustermerkmale von ihren Müttern aufweisen.

. . .

Giraffen schlafen nur 5-30 Minuten pro Tag. Sie teilen sich den Schlaf in kleinen Intervallen von 1 bis 2 Minuten auf.

. . .

Giraffen machen viele verschiedene Laute. Darunter einige, die so tief sind, dass Menschen sie nicht hören können.

Weibliche Giraffen kehren oft an den Ort zurück, an dem sie geboren wurden, um dort ihre eigenen Kälber zur Welt zu bringen.

• • •

Giraffenzungen können bis zu 50 cm lang sein! Sie sind auch durch Melanin dunkel gefärbt, was ihnen besseren Sonnenschutz bietet.

• • •

So große Tiere brauchen eine Menge Nahrung! Tatsächlich fressen Giraffen mehr als 34 kg an Nahrung pro Tag - das heißt, sie verbringen die meiste Zeit damit zu Essen.

Eine Giraffe trinkt Wasser in Zambia. Kannst du die Vögel auf ihrem Rücken sehen?

Giraffen haben Hörner, weil sie mit Hirschen und Rindern verwandt sind. Diese nennt man 'Ossicones'. Sie haben keinen Zweck für die Weibchen. Männchen jedoch benutzen sie oft als Waffe im Kampf, um herauszufinden wer der Stärkere ist.

...

Der wissenschaftliche Name der Giraffe ist *Giraffa camelopardalis*. Dieser Name stammt aus dem Glauben der alten Griechen, dass Giraffen wie Kamele aussahen, die ein Leopardenfell besitzen.

Aufgrund ihrer langgestreckten Körperform brauchen Giraffen ein starkes Herz. Ein Giraffen-Herz ist etwa 61 cm lang und wiegt bis zu 11,3 kg. Es ist das Größte Herz von allen Landsäugetieren.

...

Wenn männliche Giraffen ihre Dominanz zeigen wollen, vollführen sie einen Akt, der 'Necking' genannt wird. Sie keilen sich vor allem um die Gunst der Weibchen und geben einander Kopfstöße! Allerdings endet dies selten mit dem Tod - die schwächere Giraffe zieht sich normalerweise einfach zurück.

Eine junge Giraffe.

Im Allgemeinen sind Giraffen keine Kämpfer. Normalerweise rennen sie vor Bedrohungen weg. Wenn das aber nicht funktioniert benutzen sie ihre langen und starken Beine, um ein Raubtier zu treten.

...

Wenn eine männliche Giraffe testen will, wie fruchtbar eine weibliche Giraffe ist, probiert sie ihren Urin!

...

Seit 2014 ist der 21. Juni der Welt-Giraffen Tag. Er wird am längsten Tag des Jahres gefeiert, um ihre rekordverdächtige Höhe zu ehren.

Julius Cäsar brachte die erste Giraffe 46 Jahre v. Chr. nach Europa. Heutzutage sind die einzigen Giraffen in Europa nur noch in Zoos zu sehen.

...

Es gibt vier Arten von Giraffen, die von der Giraffe Conservation Foundation anerkannt sind:
Die Nord-Giraffe (*Giraffa camelopardalis*), die Süd-Giraffe (*Giraffa giraffa*), die Netz-Giraffe (*Giraffa reticulata*) und die Massai-Giraffe (*Giraffa tippelskirchi*).

...

Traurigerweise sind Giraffen bereits in sieben Ländern Afrikas ausgestorben.

Ein Giraffenkalb im Kariega Wildnis Reservat, Grahamstown, Südafrika. *Urheberrechte © Zoë Reeve*

Obwohl Wissenschaftler nicht genau wissen wie lange Giraffen normalerweise leben, schätzen sie, dass sie in freier Wildbahn etwa 25 Jahre alt werden. Giraffen in Gefangenschaft leben in der Regel länger - manchmal bis zu 40 Jahre.

...

Giraffen haben große, runde Füße, die etwa 30cm im Durchmesser groß sind!

...

Giraffen haben Einwegventile in ihrem Hals, um zu verhindern, dass zu viel Blut in ihr Gehirn strömt. Das könnte sonst passieren, wenn sie sich bücken, um Wasser zu trinken.

Die NASA hat Giraffen untersucht - besonders haben sie sich ihre Blutgefäße angeschaut, um neue Raumanzüge für Menschen zu entwickeln.

...

Traurigerweise nimmt die Zahl der Giraffen in freier Wildbahn ab. In den 1980er Jahren gab es etwa 150.000 wilde Giraffen. Jetzt sind es nur noch etwa 111.000. Während diese Zahlen afrikaweit sind, gibt es in einigen Gebieten einen Rückgang der Giraffen-Populationen um 95%.

Eine Mutter und ihr Kalb in der Serengeti, Tanzania. *Urheberrechte © Hu Chen*

Eine Giraffe benutzt ihre besonders lange Zunge um etwas zu Essen zu greifen.

Giraffen sind von der Internationalen Union zur Bewahrung der Natur (International Union for Conservation of Nature) als gefährdet gelistet. Jedoch haben einzelne andere Vereinigungen unterschiedliche Einstufungen.

...

Drei Unterarten der Giraffe sind auf der gefährdeten oder kritisch gefährdeten Liste.

...

Die Giraffe hat nur einen nahen Verwandten - das Okapi. Das Okapi ist ein seltenes Tier, das ein wenig einem Zebra ähnelt.

Giraffen sind **Pflanzenfresser**, das heißt, dass sie nur Pflanzen fressen. Sie sind Weidetiere, daher besteht ihre Nahrung aus Blättern und Knospen von Bäumen, sowie Blumen und Früchten.

...

Es wird angenommen, dass die Essgewohnheiten von Giraffen zur Samenausbreitung von Pflanzen beitragen, da sie Samen verteilen, die sie vorher fressen und verdauen.

...

Wenn Giraffen sich hinlegen, was nicht sehr oft vorkommt, falten sie ihre Beine unter ihrem Körper.

Während der Trockenzeit verbringen Giraffen normalerweise mehr Zeit auf der Suche nach Nahrung, da es viel schwieriger ist Nahrung zu finden. Sie sind auch dafür bekannt, in mondbeschienenen Nächten zu grasen, während sie in dunklen Nächte ruhen.

...

Warum haben Giraffen lange Hälse? Das hat mehrere Gründe. Einerseits erreichen sie damit Nahrung, die keine anderen Tiere, wie Elefanten, erreichen können. Andererseits erlaubt er ihnen über weite Strecken Ausschau nach Raubtieren zu halten.

Die Flecken einer Giraffe dienen nicht nur der Tarnung. Unter ihnen befindet sich ein kompliziertes Blutgefäßsystem, wobei jeder Fleck als 'Fenster', für die Abgabe überschüssiger Körperwärme, dient.

•••

Giraffen leben in Gruppen. Normalerweise bestehen diese Gruppen aus verwandten Weibchen (und Nachkommen) oder nicht verwandten Männchen. Allerdings können sich ihre Gruppen auch täglich wechseln und sie sind nicht abhängig von einem bestimmten Gebiet.

DAS ULTIMATIVE GIRAFFEN-BUCH FÜR KINDER

Eine Giraffe und ihr Kalb im Masai Mara Naturschutzgebiet, Kenya.

Urheberrechte © TANAKA Juuyoh

Giraffen leben in verstreuten Artbeständen in der südlichen und östlichen Subsahara-Afrika (der südlich der Sahara gelegene Teil des afrikanischen Kontinents).

• • •

Giraffen haben auf beiden Seiten des Kopfes große, wulstige Augen was ihnen eine Rundumsicht ermöglicht.

• • •

Die Farbe der Flecken auf dem Fell einer Giraffen kann orange, kastanienbraun oder fast schwarz sein. Das Fell dazwischen ist weiß oder hell cremefarben.

Die Flecken der männlichen Giraffen werden dunkler, wenn sie älter werden. Dies ist ein guter Weg, um das Alter einer Giraffe zu bestimmen.

• • •

Giraffen benutzen ihre langen Zungen, um nach Blättern zu greifen und sich selbst zu reinigen.

• • •

Wenn ein Sandsturm herrscht oder es viele umherfliegende Insekten gibt, sind Giraffen in der Lage ihre beiden Nasenlöcher schließen!

Eine Giraffe trinkt Wasser.

DAS ULTIMATIVE GIRAFFEN-BUCH FÜR KINDER

Ein Herde von Giraffes.

Was verbirgt sich unter ihrem schönen Fell? Ihre Hautfarbe ist entweder grau oder hellbraun und ihre Haut ist dick. Das hilft ihnen Verletzungen zu vermeiden, die beim Stöbern in dornigen Büschen oder Sträuchern passieren könnten.

...

In Namibia gibt es eine lebensgroße Felszeichnung einer Giraffe, die über 8.000 Jahre alt ist.

...

Giraffen haben einen 1 m langen Schwanz mit einem Büschel dunkler Haare am Ende. Damit können sie Insekten wegschnipsen.

Anhand der Ossicones (Hörner) einer Giraffe kann man Alter und Geschlecht des Tieres bestimmen. Giraffenweibchen und junge Giraffen haben dünne Ossicones mit einem Haarbüschel an der Spitze, während Männchen normalerweise kahle Hörner haben. Männliche Giraffen können auch einen kleineren dritten Knoten in der Mitte ihres Kopfes besitzen.

...

Giraffen haben keine Vorderzähne im Oberkiefer.

Oh, hallo!

Giraffen haben nicht viele Raubtiere und sind eines der am längsten lebenden Säugetiere in ihrem Lebensraum. Ihre größte Bedrohung ist der Löwe, Leoparden und gelegentlich Hyänen.

...

Giraffen sind anfällig für Parasiten, wie Zecken. Allerdings gibt es Vögel, wie der Rotschnabel und Gelbschnabel-Madenhacker, die oft Parasiten von den Giraffen abpicken.

...

Giraffen haben Parasiten-abweisende Stoffe in ihrem Fell, die ihnen einen sehr charakteristischen Geruch verleihen.

Es gibt viele afrikanische Volksmärchen, in denen Giraffen vorkommen - die meisten erzählen darüber, wie die Giraffe ihren langen Hals bekommen hat. Zum Beispiel erzählt ein Märchen aus Ostafrika, dass die Giraffe ihren langen Hals bekam, weil sie zu viele magische Kräuter gegessen hat.

...

Es gibt eine Sternenkonstellation namens Camelopardalis, welches die Form einer Giraffe hat. Es ist groß, aber leuchtet nur schwach - sodass es nur in sehr dunklen Nächten zu sehen ist.

Eine junges Netz-Giraffenkalb im Lewa Wildlife Conservancy, Isiolo, Kenya. *Urheberrechte © David Clode*

Die Rothschildgiraffe (eine Unterart der Nord-Giraffe) ist die seltenste Giraffe der Welt. Es gibt nur noch geschätzt 1.669 Tiere in freier Wildbahn.

...

In Nairobi, Kenia befindet sich das Giraffe Manor Hotel. Hier kannst du beim Aufwachen eine seltene Rothschildgiraffe durch dein Fenster erblicken!

...

Die Giraffe ist das Nationaltier von Tansania.

Der Kopf einer Giraffe kann sich komplett vertikal/senkrecht drehen. Das hilft ihr schwer zugängliche Nahrung in den Bäumen zu erreichen.

• • •

Weibliche Giraffen haben eine **Trächtigkeitsdauer** (die Dauer der Schwangerschaft) von 14 Monaten.

• • •

Weibliche Giraffen sind in der Lage im Alter von 48-60 Monaten mit der Fortpflanzung zu beginnen. Bei Männchen sind es etwa 42 Monate.

Vollständig weiße Giraffen wurden in freier Wildbahn gesichtet, aber das ist sehr sehr selten und wird durch einen Zustand namens Laizismus verursacht.

• • •

Hast du jemals eine Giraffe laufen sehen? Sie bewegen beide Beine erst auf einer Seite, dann auf der anderen Seite, was ganz eigenartig ist! Auch das Kamel läuft so.

• • •

Giraffen können sich zu jeder Zeit im Jahr paaren.

DAS ULTIMATIVE GIRAFFEN-BUCH FÜR KINDER

Es ist sehr selten, dass eine Giraffe Zwillinge bekommt - normalerweise haben sie nur ein Kalb.

...

Giraffenkälber werden mit ihren Hörnern geboren, was sehr selten ist. Allerdings liegen sie, bei der Geburt, flach auf dem Kopf und richten sich etwa eine Woche später auf.

...

Weibliche Kälber bleiben die meiste Zeit auf dem heimischen Boden bei Ihrer Mutter, während männliche Kälber nach drei Jahren auf eigene Faust losziehen.

Männliche und weibliche Giraffen haben leicht unterschiedliche Fressmethoden, was den Wettbewerb um Nahrung reduziert. Weibliche Giraffen beugen sich nach unten, um niedrigere Blätter und Äste zu erreichen, während die Männchen hoch in den Bäumen nach Nahrung suchen.

...

Traurigerweise ist der Rückgang der Giraffenzahlen hauptsächlich auf den Menschen zurückzuführen. Ursachen sind Wilderei, Lebensraumverlust und Landwirtschaft, die das Land einnimmt, welches die Giraffen normalerweise durchstreifen.

Obwohl Giraffen nicht so wählerisch sind, was ihre Nahrung betrifft, haben sie einen Favoriten - den Akazienbaum.

• • •

Eine Gruppe von Giraffen nennt man eine Herde.

• • •

Giraffen können als 'Paarhufer' bezeichnet werden. Das bedeutet, dass sie Huftiere sind, die ihr Gewicht gleichmäßig auf einer geraden Anzahl von Zehen tragen. Giraffen haben 2 Zehen. Es gibt etwa 270 Landtiere in dieser Kategorie, darunter Kamele, Antilopen, Alpakas und Ziegen.

Giraffen können mehr wiegen als ein Auto - bis zu 2 Tonnen (1900 kg)!

• • •

Obwohl sie ein Symbol für Afrika sind, wird angenommen, dass Giraffen ursprünglich aus den kühleren Teilen Eurasiens stammen (vor etwa 7-8 Millionen Jahren).

• • •

Die großen, runden Hufe einer Giraffe bieten eine größere Oberfläche, die verhindert, dass sie trotz ihres hohen Gewichts im Sand versinken.

Bis vor ein paar Jahren glaubten Wissenschaftler, dass Giraffen das einzige Säugetier sind, welches nicht schwimmen kann. Doch im Jahr 2010 hat eine Studie gezeigt, dass Giraffen wahrscheinlich schwimmen können, sie wollen es nur nicht!

...

Giraffen haben ein Kühlsystem in ihren Nasen. Das hilft dabei ihre Gehirne 3 °C niedriger als den Rest des Körpers zu halten.

Wenn Giraffen heiß wird, schwitzen oder hecheln sie nicht. Das ist einer der Gründe, warum sie nicht so viel Wasser trinken müssen.

• • •

Der berühmte Spielzeugladen Toys 'R' Us wählte eine Giraffe als ihr erstes Maskottchen in den 1950er Jahren. Sein Name war Geoffrey the Giraffe.

• • •

Die Zunge einer Giraffe ist "greifbar". Das bedeutet, dass sie damit Dinge greifen können, genau wie mit einer Hand.

Giraffenmütter organisieren sich oft als Gruppe und passen gegenseitig auf ihre Kälber auf, während sie auf der Suche nach Nahrung sind.

...

Giraffen haben den längsten Schwanz von allen Säugetieren.

...

Wenn eine Giraffe einen Schritt macht, ist er etwa 4,6 m lang!

Ein neugeborenes Kalb wiegt ungefähr 100 kg.

...

Giraffen haben 32 Zähne, alle im Unterkiefer.

...

Giraffen benutzen ihre untere Zahnreihe, um Blätter von den Bäumen zu kämmen.

...

Die Zungen der Giraffen sind so lang, dass sie damit ihre Ohren putzen können!

Wenn du jemals die Chance bekommst, eine Giraffe zu treffen, denk daran, dass sie es hassen, wenn man ihren Kopf berührt!

...

Der Blutdruck einer Giraffe ist doppelt so hoch wie der eines Menschen. Sie brauchen einen so hohen Blutdruck, um das Blut den ganzen langen Hals hoch zum Kopf zu transportieren!

...

Obwohl Giraffen nur Pflanzen fressen, werden sie oft beim Lecken und Kauen auf Tierknochen beobachtet.

Dies machen sie, um mehr Kalzium in ihren Körper zu bekommen, als sie von Pflanzen bekommen können.

...

Kälber trinken in den ersten 4-6 Monaten Milch von ihren Müttern. Während sie vorher schon Blätter testen durften und einen Geschmack entwickelt konnten, hilft ihnen ihre Mutter dabei ihre Ernährung ganz umzustellen.

...

Die westafrikanische Giraffe (eine Unterart der Nord-Giraffe) wäre in den 1990er Jahren fast ausgestorben.

Es waren nur noch 50 in der Wildnis übrig. Glücklicherweise konnte, nach schnellem Handeln von Naturschützern, die Zahl auf 450 erhöht werden.

...

Es gibt viele Möglichkeiten dabei zu helfen, Giraffen in der Wildnis zu erhalten. Viele Organisationen und Regierungsprogramme wie die Giraffe Conservation Alliance, die Giraffe Conservation Foundation und African Fund for Endangered Wildlife. Du kannst ihre Webseiten besuchen, um herauszufinden, wie du Giraffen helfen kannst!

Giraffen-Quiz

Hast du viel über Giraffen gelernt?! Dann Teste dein Wissen im Giraffen-Quiz. Die Antworten findest du auf der folgenden Seite.

1. Wie viele (Ober-)Arten von Giraffen gibt es?

2. Wo leben die Giraffen?

3. Was ist eine der Lieblingsspeisen der Giraffe?

4. Welche ist die seltenste Art der Giraffe?

5. Was ist der nächst lebende Verwandte der Giraffe?

Eine Mutter und ihr Kalb. *Credit: Hein waschefort*

6. Wie trinkt eine Giraffe Wasser?

7. Wie lange trinkt ein Kalb Milch von der Mutter?

8. Wie viele Zähne hat eine Giraffe?

9. Wie viel wiegt ein neugeborenes Kalb?

10. Kannst du dich an den wissenschaftlichen Namen für eine Giraffe erinnern?

11. Wie werden Hörner auf dem Kopf einer Giraffe genannt?

12. Wie nennt man eine männliche Giraffe?

13. Wie wird eine Gruppe von Giraffen genannt?

14. Können Giraffen schwimmen?

15. Giraffen haben oft Zwillinge. Richtig oder falsch?

16. Die Giraffe ist das Nationaltier von welchem afrikanischen Land?

17. Welche Art von Vogel kennst du, der oft auf einer Giraffe mitfliegt?

18. Die Flecken der männlichen Giraffen werden heller, wenn sie älter werden. Richtig oder falsch?

19. Wie nennt man es, wenn Giraffen gegeneinander kämpfen?

20. Wie viele Zehen hat eine Giraffe?

DAS ULTIMATIVE GIRAFFEN-BUCH FÜR KINDER

Zwei männliche Giraffen "Necking" im San Francisco Zoo.

Urheberrechte © Brocken Inaglory

Antworten:
1. 4, laut der Giraffe Conservation Foundation.
2. In Afrika, südlich der Sahara.
3. Akazienbaum.
4. Die Rothschilds Giraffe.
5. Das Okapi.
6. Es spreizt seine Beine, damit sie zum Wasser hinunterreichen kann.
7. 4-6 Monate.
8. 32.
9. Um die 100kg.
10. Giraffa camelopardalis.
11. Ossicones.
12. Ein Bulle.
13. Ein Herde.
14. Technisch gesehen, ja. Aber niemand hat es je gesehen!
15. Falsch. Zwillinge sind sehr selten.
16. Tansania.
17. Rotschnabel und Gelbschnabel-Madenhacker.
18. Falsch. Sie werden dunkler.
19. Necking.
20. Zwei.

DAS ULTIMATIVE GIRAFFEN-BUCH FÜR KINDER

Giraffen WORTSUCHE-PUZZLE

J	D	A	Y	C	A	D	G	T	U	I	O
T	J	U	L	K	S	F	G	Z	T	C	S
S	D	T	B	O	S	S	I	C	O	N	E
F	T	Z	U	H	F	G	R	J	V	U	V
Z	S	E	S	A	F	C	A	H	F	S	A
T	A	S	D	L	A	L	F	F	D	C	V
R	V	F	S	S	X	A	F	R	I	K	A
A	A	F	H	E	R	D	E	E	D	A	A
F	N	F	S	A	R	K	V	X	V	L	K
U	N	E	C	K	I	N	G	S	V	B	A
I	E	D	A	E	B	M	U	S	T	E	R
V	D	E	B	S	J	K	L	V	X	T	S

Urheberrechte © Luca Galuzzi

Kannst du alle unten stehenden Wörter im Wortsuche Puzzle links finden?

GIRAFFE	**SAVANNE**	**OSSICONE**
KALB	**NECKING**	**MUSTER**
HERDE	**AFRIKA**	**HALS**

Quellen

"11 Fakten über Giraffen". 2020. Dosomething. Org. https://www.dosomething.org/us/facts/11facts-about-giraffes.

National Geographic Society. "Giraffe." Accessed August 21, 2022

Gammon, Crystal. "Fun Facts About Giraffes." LiveScience. Accessed August 21, 2022.

"20 Things You Might Not Know About Giraffes". 2014. Mentalfloss.com https://www.mentalflosscom/article/56318/20-things-you-might-not-knowabout-giraffes.

"13 Fascinating Giraffe Facts - Giraffe Conservation Foundation". 2020. Giraffe Conservation Foundation. https://giraffeconservation.org/facts/13-fascinating-giraffe-facts/.

Fennessy, Julian; Bidon, Tobias; Reuss, Friederike; Kumar, Vikas; Elkan, Paul; Nilsson, Maria A.; Vamberger, Melita; Fritz, Uwe; Janke, Axel (2016). "Multilocus Analysen offenbaren four giraffe species instead of one".

Current Biology (18): 2543-2549. doi:10.1016/j.cub.2016.07.036. PMID 27618261. S2CID 3991170

Greaves, N.; Clement, R. (2000). As Hippo Was Hairy: And Other Tales from Africa. Struik pp. 86–88. ISBN 978-1-86872-456-7.

"Giraffe". Online Etymology Dictionary Retrieved 7 October 2021.

"Rothschild's Giraffe". 2020. En.Wikipedia.Org. https://en.wikipedia.org/wiki/Rothschild%27s_giraffe.

"Giraffe". 2020. Young People's Trust For The Environment. https://ypte.org.uk/factsheets/giraffe/conservation.

"10 Giraffe Facts! | National Geographic Kids". 2016. National Geographic Kids. https://www.natgeokids.com/uk/discover/animals/general-animals/10-giraffe-facts/.

2020. Yorkshirewildlifepark.Com https://www.yorkshirewildlifepark.com/9-unusual-facts-giraffesmay-astound/.

Lifeforms, Animals, and 40 Facts. 2018. "40 Unusual Giraffe Facts - Serious Facts". Serious Facts. https://www.seriousfacts.com/giraffe-facts/.

"17 Fun Facts About Giraffes (Some Are Hilariously Unbelievable)". 2019. Africa Freak. https://africafreak.com/fun-facts-about-giraffes.

DAS ULTIMATIVE GIRAFFEN-BUCH FÜR KINDER

Auch von Jenny Kellett

... und mehr!

DAS ULTIMATIVE GIRAFFEN-BUCH FÜR KINDER

www.ingramcontent.com/pod-product-compliance
Lightning Source LLC
LaVergne TN
LVHW050142080526
838202LV00062B/6554